AF497821

LES FESTES

DE

THALIE,

BALLET REPRÉSENTÉ
PAR L'ACADEMIE ROYALE
DE MUSIQUE;

La premiere fois, le quatorze août, 1714.
La seconde, le vingt-cinq juin, 1722.
La troisiéme, le deux juin, 1735.

Remis au théâtre, le mardi 29 juin 1745.

DE L'IMPRIMERIE
De JEAN-BAPTISTE-CHRISTOPHE BALLARD,
doyen des imprimeurs du Roi, seul pour la musique,
et pour l'Académie royale de musique.
A PARIS, au Mont-Parnasse, rue S. Jean-de-Beauvais.

M. DCC XLV.
Avec privilége de Sa Majesté.
LE PRIX EST DE XXX SOLS.

FESTES DE THALIE.

Changemens pour la Reprise du jeudi 13 Janvier 1746.

PROLOGUE.

Mlle ROMAINVILLE, *aulieu* de Mlle Chevalier.

Mlle BOURBONNOIS, *aulieu* de Mlle Fel.

LA VEUVE COQUETTE.

Mlle COUPE'E,   *aulieu* de Mlle Romainville.

Mlle JACQUET,   *aulieu* de Mlle Fel.

Mr MALTER-3me, *aulieu* de M^r D-Dumoulin.

Mlle LE BRETON, *aulieu* de Mlle Camargo.

Suprimer le frere du Marié.

LA FEMME.

Mlle ROMAINVILLE, *aulieu* de Mlle Chevalier.

Mlle CAMARGO,   avec   Mr Dupré.

Suprimer le Pas de Mr Pitro, et de Mlle Le Breton.

LE SILPHE.

ZELINDOR,	Mr Jelyotte.
ZULIM,	Mr Albert.
ZIRPHE',	Mlle Metz.
NYMPHE, ET SILPHIDE,	Mlle Coupée.

AVERTISSEMENT.

LE Sujet de ce Ballet eſt l'AMOUR TRIOM-PHANT dans les trois differens états du beau Sexe, FILLE, FEMME, ET VEUVE: Cela forme trois Fêtes differentes que THALIE donne ſur le théâtre de l'Opera, par l'ordre d'APOLLON.

Il y a près de trois ans que j'avois été tenté de faire cet Opera, ſous le titre de FRAGMENS COMIQUES: J'en avois même fait le Prologue & l'Acte de la VEUVE. Enfin, à la ſollicitation de mes amis, j'ai achevé ce Ballet. Et d'une Piece que je voulois intituler, l'AMANT DE SA FEMME, et que j'avois commencé dans un autre genre; j'ai fait mon Acte DE LA FEMME que j'ai ajuſté au théâtre de l'Opera. A l'égard de l'Acte DE LA FILLE, je l'ai nouvellement imaginé.

J'ai fait mes efforts dans ce petit ouvrage pour plaire au Public; mais je ſerois de plus en plus animé à contribuer à ſes amuſemens, s'il pouvoit m'être auſſi indulgent ſur ce théâtre, qu'il a eu la bonté de m'être favorable au théâtre de la Comedie.

Pendant le cours de cette réimpreſſion, on s'eſt apperçû de ce qui ſuit :
Page 17, Scene III. à LEONORE, *ſuprimez* une Guittare à la main.
　　　　Au ſecond vers, il faut lire : *Sans crainte, ſans ſoins,* &c.
Page 18, Au neuviéme vers, *même correction que deſſus.*
Page 46, Seiziéme ligne, il y a danſant, *liſez* danſent.
Page 47, Cinquiéme vers, il y a *Et*, liſez *Mais*.
Page 48, Deuxiéme vers, *ſuprimez prude*, qui eſt le troiſiéme mot.
Page 50, Dix-huitiéme ligne, il y a *Vous vous*, liſez *Vous me*.

ACTEURS CHANTANS DU PROLOGUE.

MELPOMENE,	Mlle Chevalier.
THALIE,	Mlle Fel.
APOLLON,	M^r Le Page.

ACTEURS DANSANS.

SUITE DE THALIE;

Mademoiselle Le Breton;

Messieurs Hamoche, Levoir, F-Dumoulin, Caillez, De Vice;

Mesdemoiselles Courcelle, St Germain, Erny, Thiery, Puvigné.

APROBATION.

J'AI lû, par ordre de Monseigneur le Chancelier, une nouvelle Edition du Ballet, intitulé *Les Fêtes de Thalie*, et je n'y ai rien trouvé qui doive en empêcher l'impression. A Versailles, ce 19 Juin 1745.

DE MONCRIF.

Le Privilege du Roy est à la fin des Opera précédens.

LES FESTES DE THALIE,
BALLET.

PROLOGUE.

La Scene est sur le théâtre de l'Opera.

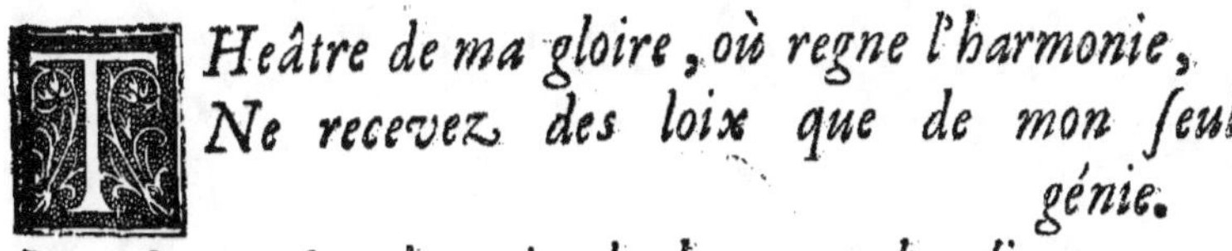

SCENE PREMIERE.

MELPOMENE, et sa Suite.

MELPOMENE.

Heâtre de ma gloire, où regne l'harmonie,
Ne recevez des loix que de mon seul
génie.
Mes sujets sont les rois, les heros, et les dieux;
Rien ne peut égaler mes spectacles pompeux.

Théâtre de ma gloire, où regne l'harmonie,
Ne recevez des loix que de mon seul génie.

J'attendris par les sons, mes pleurs & mes soupirs ;
Mes tragiques douleurs forment les vrais plaisirs.

Théâtre de ma gloire, où regne l'harmonie,
Ne recevez des loix que de mon seul génie.

CHOEUR.

Regnez divine Melpomene,
Regnez, des vrais plaisirs aimable souveraine.

SCENE II.

MELPOMENE, THALIE.

On entend une Symphonie vive & gaye, qui annonce
l'arrivée de la Muse comique.

MELPOMENE.

Dieux ! Quels frivoles sons ? Que vois-je ? C'est
　　　　　　　　　　　　　　　　Thalie !
Vient-elle de ses jeux étaler la folie ?
　　Osez-vous donc vous faire voir
　　En des lieux pleins de mon pouvoir ?

THALIE.

Je viens avec les ris, pour égayer la Scene.

MELPOMENE.

Armide, Phaeton, Atis,
Roland, Bellerophon, Thetis,
De ce brillant séjour me rendent souveraine ;
　　Muse indigne, retirez-vous.

THALIE.

Je le vois bien ma Sœur, un mouvement jaloux

Contre moi vous anime.

MELPOMENE.

Croyez-vous de mes vers effacer le sublime ?

THALIE.

Sans vous rien disputer, je voudrois entre-nous,
Par un autre chemin, mériter quelque estime.

MELPOMENE.

Vous mériterez mon courroux.

THALIE.

Ma Sœur, un seul mot peut suffire
Pour faire voir qu'on me dois preferer ;
On est bien-tôt las de pleurer,
Se lasse-t'on jamais de rire ?
Vous faites à l'Amour une cruelle offense
De ne l'offrir que furieux ;
Sous des traits plus rians je l'offre à tous les yeux.
Qui de nous sert mieux sa puissance ?

MELPOMENE.

Apollon en ces lieux s'avance,
Il saura de nous deux faire la difference.

SC. III.

SCENE III.

APOLLON, MELPOMENE, THALIE.

APOLLON.

Est-ce ainsi qu'à mes soins, Muses, vous répon-
dez!
Que deviennent les jeux que j'avois demandez?

MELPOMENE.

On en voudroit éloigner Melpomene.

THALIE.

C'est votre ordre, Apollon, qui dans ces lieux m'a-
mene.

ENSEMBLE.

C'est moi qui dans ces lieux prétens donner des loix.

APOLLON, à MELPOMENE.

Ne pouvez-vous comme autrefois,
Dans un même sujet, vous unir à Thalie?
Ce mélange aujourd'hui charme encor l'Italie.

MELPOMENE.

Je pourrois avilir mes heros & mes rois?

B

APOLLON.

Hébien : entre vous deux il faut faire un partage ;
L'une & l'autre en son temps en plaira davantage.

   Que la paix regne en ces beaux lieux ;
   Réunissons Melpomene & Thalie.

L'une dans les hyvers pourra chanter les Dieux ;
L'autre dans les beaux jours, par sa douce folie ;
   Charmera les cœurs & les yeux.

   Que la paix regne en ces beaux lieux ;
   Réunissons Melpomene & Thalie.

MELPOMENE.

Quoi! Sous d'égales loix l'une & l'autre on nous range!
Je reçois d'Apollon des mépris si cruels ?
   Quoi ! Tout Dieu qu'il est, son goût change?
Ah! C'est une foiblesse à laisser aux mortels.

   Elle sort avec les heros de sa suite.

SCENE IV.

THALIE.

VEnez, volez de toutes parts,
Je vais offrir à vos regards
Des jeux, sans pleurs & sans tristesse.

Mon art est le plus doux des arts,
Il est l'amour de la Jeunesse,
Et je fais leçon de tendresse.

Venez, volez de toutes parts,
Je vais offrir à vos regards
Des jeux, sans pleurs & sans tristesse.

SCENE V.

THALIE; JEUX ET PLAISIRS

qui accourent de toutes parts.

CHOEUR des JEUX ET DES PLAISIRS.

TRiomphez Muse charmante,
Triomphez de l'ennui, des pleurs & des soupirs,
Couronnez la troupe riante
Des Jeux & des Plaisirs.

LES JEUX ET LES PLAISIRS célebrent
la gloire de THALIE, par leurs danses.

THALIE.

Pour mieux faire éclater mon triomphe en ce jour,
Signalons dans nos jeux le pouvoir de l'Amour.

Beautez, en tout tems, à tout âge,
L'Amour est sûr de votre hommage.

Il regne dans tout l'Univers :
Si l'Hymen vous engage,   *   *Femme.
Si vous sortez de ses fers,   *   *Veuve.
Si vous fuyez son esclavage, *   *Fille.

Beautez, en tout tems, à tout âge,
L'Amour est sûr de votre hommage.

CHOEUR.

Triomphez Muse charmante,
Triomphez de l'ennui, des pleurs & des soupirs,
Couronnez la troupe riante
Des Jeux & des Plaisirs.

FIN DU PROLOGUE.

ACTEURS ET ACTRICES
chantans dans tous les chœurs du Prologue,
et du Ballet.

CÔTE' DU ROI. CÔTE' DE LA REINE.

Mesdemoiselles	Messieurs	Mesdemoiselles	Messieurs
Dun,	Marcelet,	Cartou,	De Serre,
	St. Martin,		Gratin,
Tulou,	Lefevre,	Monville,	Le Mesle,
Delorge,	Le Page,		Breton,
	Chabourd,	Desgranges,	Deshais,
Varquin,	Fel,		Levasseur,
Dalmand. C.,	Houbault,	De Lagranville,	Buzeau,
	Bourque,		Belot,
Larcher,	Bornet,	Maçon,	Rhone,
	Gallard,		Forestier,
Delastre,	Duchênet,	Rolet,	Orban,
Riviere.	Rochette.	Gondré.	Terrasse.

On vend un Louis d'or la musique de ce Ballet , avec
les Entrées qui y ont été ajoutées , en differens temps;
Musique de Mʳ MOURET; Paroles de Mʳ DE LAFONDS.

PREMIERE ENTRÉE.

ACTEURS CHANTANS.

ACASTE, *Capitaine de Vaisseau, Amant de Leonore,*   Mr De Chassé.

CLEON, *Pere de Leonore,*   Mr Person.

BELISE, *Mere de Leonore,*   Mr Cuvillier.

LEONORE,   Mlle Bourbonnois.

UNE MARSEILLOISE, Mlle Jaquet.

UN CAPTIF,   Mr Albert.

ACTEURS DANSANS.

CAPTIFS;

Messieurs Pitro;

Messieurs Monfervin, Gherardi;

Messieurs Dumay, Dupré, Levoir, Feuillade, De Vice.

MATELOTS;

Mademoiselle Dalmand;

Mrs Malter-C., Dangeville, Caillez, P-Dumoulin;

Mesdemoiselles Beaufort, Rosalie, Puvigné, Thiery.

UNE MARSEILLOISE.

Tout Amant
Comme le vent,
Est sujet à changer,
N'en courons pas le danger.
Tel qui nous rend hommage,
N'est qu'un volage,
Defions-nous
D'un vent si doux.

Sur les flots
Point de repos ;
Dans l'empire amoureux
L'on n'est guere plus heureux ;
Qui laisse le rivage,
Court au naufrage,
C'est trop risquer
Que s'embarquer.

CHOEUR.

Chantons l'Amour, chantons sa gloire,
Il triomphe d'un cœur qui méprisoit ses traits :
Chantons, publions à jamais
Sa nouvelle victoire.

FIN DU PREMIER ACTE.

D ij

SECONDE ENTRÉE.

ACTEURS CHANTANS.

ISABELLE, *Veuve coquette,* Mlle Romainville.
DORIS, *Sa confidente,* Mlle Fel.
LEANDRE, *Officier,* Mr Jelyotte.
CHRISOGON, *Riche Financier,* M^r Le Page.
UNE BERGERE, Mlle Jaquet.

ACTEURS DANSANS.

FESTE DE VILLAGE;

LE MARIE', ET LA MARIE'E;

Monsieur D-Dumoulin, Mademoiselle Camargo,

LES PERE ET MERE DU MARIE';

Monsieur Dupré, Mademoiselle Rabon.

LES PERE ET MERE DE LA MARIE'E;

Monsieur Dumay, Mademoiselle Erny.
Monsieur Duval, *Frere du Marié.*
Mademoiselle Puvignée, *Sœur de la Mariée.*

BERGERS, ET BERGERES;

Messieurs Matignon, Hamoche.
Mesdemoiselles Courcelle, St Germain.

PASTRES, ET PASTOURELLES;

Monsieur Gherardi;
Messieurs Feuillade, De Vice.
Mesdemoiselles Thiery, Beaufort.

SECONDE ENTRÉE.

LA VEUVE
COQUETTE.

Le théâtre repréſente un hameau.

SCENE PREMIERE.

ISABELLE parée d'un deüil des plus galans.

Ouce liberté du veuvage,
Non, je ne vous perdrai jamais ;
Je connois trop votre avantage
Pour renoncer à vos attraits.

Mille amans viennent rendre hommage
A l'éclat de nos yeux, au pouvoir de nos traits ;
Mon cœur avec plaiſir écoute leur langage,
Et n'en goûte pas moins une profonde paix.

Douce liberté du veuvage,
Non, je ne vous perdrai jamais;
Je connois trop votre avantage
Pour renoncer à vos attraits.

SCENE II.

ISABELLE, DORIS.

DORIS.

Vous jouissez d'un sort tranquille;
Dès que la Parque eut mis votre époux au tombeau,
Près de ce paisible hameau
Vous prîtes pour pleurer, le plus riant azile;
Et bientôt les Amours, les Jeux & les Plaisirs
Chasserent loin de vous les pleurs & les soupirs.

ISABELLE.

L'Amour auprès de moi rassemble
Une foule d'adorateurs,
Et je trouve mille douceurs
A les amuser tous ensemble.

DORIS.

Tous vos amans se plaignent de leur sort;
L'un, près de vous répand des larmes;
L'autre, à vos yeux veut se donner la mort.

ISABELLE.

Quel doux triomphe pour nos charmes!

DORIS.

Chrisogon soupire pour vous,
Favori de Plutus, sa richesse est immense.
Vous voyez tous les jours Leandre à vos genoux,
Favori du dieu Mars, il en a l'apparence :
Qui de ces deux amans aura la préférence ?
Mais, ils s'avancent dans ces lieux,
L'amour & la colere éclatent dans leurs yeux.

ISABELLE.

Sous ce feüillage épais, Doris, je me retire :
De deux amans jaloux, j'y verrai l'embaras,
J'entendrai leurs discours....

DORIS.

Vous n'en ferez que rire.

ISABELLE.

Et pourquoi n'en rirois-je pas ?

SCENE III.

LEANDRE, CHRISOGON, DORIS.

LEANDRE.

Isabelle m'adore & ne vit que pour moi.

LE FINANCIER

Isabelle à moi seul doit engager sa foi.

LEANDRE

Sa bouche mille fois m'a juré qu'elle m'aime.

LE FINANCIER.

Sa bouche mille fois me l'a juré de même :

DORIS, aux deux amans.

Les Belles trompent souvent,
Leur promesses sont frivoles,
Et c'est compter sur le vent
Que de compter sur leurs paroles.

LE FINANCIER.

Pour plaire, j'ai mille vertus,
Jamais mon cœur n'a trouvé de cruelles ;
On est sûr d'être aimé des belles,
Quand on est aimé de Plutus.

LEANDRE.

De la beauté la plus aimable
Je sais attirer les regards ;
A tous les favoris de Mars
L'Amour fut toujours favorable.

DORIS.

Cessez, cessez de disputer,
Tous deux vous avez l'art de charmer une belle.

A l'Officier.

Vôtre tendresse a dequoi nous flatter ;

En montrant le Financier.

Mais la sienne est solide, on peut compter sur elle.

LE

LE FINANCIER.

Mais enfin, qui de nous doit être le vainqueur?

LEANDRE, au Financier.

Doris vous apprendra que je regne en son cœur.

DORIS.

Faites expliquer Isabelle,
Elle vient... Je la vois ; vous l'apprendrez mieux
d'elle.

SCENE IV.

ISABELLE, DORIS, LEANDRE, LE FINANCIER.

ISABELLE, feignant de ne les avoir pas entendus.

L'Un & l'autre en ces lieux , quel sujet vous ap-
pelle ?

LEANDRE, à ISABELLE.

Je me flattois que l'hymen le plus doux
M'uniroit avec vous.

LE FINANCIER.

J'ai seul droit de prétendre à ce comble de gloire,
Et j'aurois tort d'être jaloux ;
Des Amans tels que nous, sont sûrs de leur victoire.
E

LEANDRE.

Prononcez, qui de nous doit voir combler ses vœux.

LE FINANCIER, à ISABELLE.

Quoi! votre cœur encor balance entre nous deux?

LEANDRE.

Que vois-je? O Ciel! Vous semblez incertaine!

LE FINANCIER.

Ce choix si vous m'aimiez, vous feroit moins de peine.

ISABELLE.

A bannir l'un de vous j'aurois trop de regret,
Doris qui connoît mon secret
Une autrefois pourra vous en instruire.

DORIS, à ISABELLE.

Doris veut vous laisser le plaisir de le dire.

LEANDRE, ET LE FINANCIER.

Tous ces détours sont superflus.
Choisissez un epoux, et ne differez plus.

ISABELLE, feignant de pleurer.

Tant d'empressement me désole,
Veuve à peine depuis deux ans,
Croyez-vous qu'en si peu de temps
Un cœur affligé se console?

LE FINANCIER.

Pour chasser loin de vous la tristesse en ce jour,
J'ai rassemblé des Bergers d'allentour,
J'ai pris soin d'embellir la Fête ;
Ils vont former pour vous, les plus aimables jeux :
Rien ne coûte pour la conquête
D'un Objet qui fait tous nos vœux.

On entend un bruit de Musique champêtre

LEANDRE.

Sur notre hymen enfin, que votre cœur prononce.

ISABELLE.

Après les jeux, vous saurez ma réponse.

SCENE V.

FESTE, OU NOCE DE VILLAGE.

DIVERTISSEMENT.

LE MARIE', ET LA MARIE'E, Les Gens de la nôce, et les Acteurs de la Scene précéd.

ON JOUE LA MARCHE.

CHOEUR DES BERGERS.

Qu'à danser chacun s'apprête,
L'Amour prend soin de la Fête;
Qu'à danser chacun s'apprête,
Célébrons d'aimables nœuds.

UNE BERGERE.

Deux cœurs amoureux s'unissent,
L'Amour les a faits tous deux,
Pour-être heureux :
Pour jamais leurs tourmens finissent;
L'Hymen a comblé leurs vœux.

LE CHOEUR.

Qu'à danser chacun s'apprête,
L'Amour prend soin de la Fête;

Qu'à danser chacun s'appête,
Célébrons d'aimables nœuds.

LA BERGERE.

Rien ne vaut la douceur extrême
De posseder l'objet qu'on aime ;
Les plaisirs, les ris, les jeux,
Sont le doux prix des plus beaux feux.

CHOEUR.

Qu'à danser chacun s'apprête,
L'Amour prend soin de la Fête ;
Qu'à danser chacun s'apprête,
Célébrons d'aimables nœuds.

On danse.

CHOEUR.

Du Dieu d'hymen chantons les douces flammes,
Qu'il enchaîne nos tendres cœurs ;
N'éteignons jamais les ardeurs
Que son flambeau fait naître dans nos ames.

DORIS, à ISABELLE.

Aimez, aimez, qu'attendez-vous ?
Cédez aux charmes les plus doux ;

Sur les aîles du Temps, la jeunesse s'envole.
C'est un amant qui console
De la perte d'un Epoux.

Aimez, aimez, qu'attendez-vous?
Cédez aux charmes les plus doux.

On danse.

On reprend la Marche, et la Nôce s'en va.

SCENE VI.

ISABELLE, DORIS, LEANDRE, LE FINANCIER.

LE FINANCIER.

CEs jeux en ma faveur ont dû toucher votre ame:
Imitez ces Bergers, et que leur tendre flamme
Vous fasse décider sur l'objet de vos vœux.

ISABELLE.

Pensez-vous que mon cœur balance entre vous deux?

LEANDRE, ET LE FINANCIER.

Prononcez si l'Hymen joindra mon sort au vôtre:
Est-ce à moi qu'il promet les plaisirs les plus doux?

ISABELLE.

Je pourrois plus long-tems vous tromper l'un & l'autre:

à l'Officier.

Mais mon cœur ne sent rien, Ni pour vous...

Au Financier.

Ni pour vous.

Elle sort avec DORIS, qui leur fait à tous deux
une grande révérence.

LEANDRE.

Avec quelqu'Objet plus aimable
Je vais me consoler d'avoir perdu mes soins.

On n'en est pas plus miserable,
Pour une Maîtresse de moins.

FIN DE LA SECONDE ENTRE'E.

TROISIÈME ENTRÉE.

ACTEURS CHANTANS.

CALISTE, *Femme de Dorante*,   Mlle Chevalier.

DORINE, *Femme de Zerbin*,   Mlle Bourbonnois.

DORANTE, *Epoux de Caliste*,   M^r De Chaßé.

ZERBIN, *Epoux de Dorine*,   Mr Cuvillier.

UN MASQUE,   Mr Poirier.

ACTEURS DANSANS.
LE BAL.

MASQUES DE DIFFERENTES NATIONS;

Monsieur Dupré :

Monsieur Pitro,	Mademoiselle Le Breton.
Mr Montservin,	Mlle Carville.
Mr Matignon,	Mlle Lyonnois.
Mr Dupré,	Mlle Rabon.
Mr Malter-3me.	Mlle Erny.

ARLEQUIN,   ARLEQUINE;

Mr Feuillade,	Mlle Thiery.
MEZETIN, Mr Caillez,	MEZETINE. Mlle Rosaly.
POLICHINEL, M^r De Vice,	COLOMBINE, Mlle Puvigné.
Un ARLEQUIN, Mr F. Dumoulin,	Une ARLEQUINE, Mlle Courcelle.

UN POLICHINEL,
Monsieur Levoir.

TROISIÈME

TROISIÉME ENTRÉE.

LA FEMME.

Le théâtre repréfente une Salle
préparée pour le Bal.

SCENE PREMIERE.

CALISTE, un mafque à la main.

Mour, charmant vainqueur,
Que ton empire a de douceur,
Lorfqu'on ne craint point de rivale!

Sans partage aujourd'hui je regne dans un cœur,
Qui croit brûler d'une infidele ardeur :
O douceur fans égale !

Amour, charmant vainqueur,
Que ton empire a de douceur,
Lorfqu'on ne craint point de rivale!

F

SCENE II.

CALISTE, DORINE.

DORINE.

ON fait à vos appas une offense mortelle,
        Voyez cet appareil pompeux ;
Votre époux qui vous croit absente de ces lieux,
        Votre époux infidele
Prépare cette fête à l'objet de ses feux.

CALISTE.

Je ris de son amour, comme de ta colere.

DORINE.

Souffrir sa trahison, et la voir de si près !
Vengez-vous de l'objet que l'Ingrat vous préfere.

CALISTE.

        Je ne me vengerai jamais
        D'une rivale qui m'est chere.

Voi l'objet dont son cœur adore les attraits :
Dans un bal l'autre jour l'amour fit ce miracle ;
        Le masque lui cachoit mes traits,
Ses desirs curieux s'irritoient de l'obstacle.

Je le quittai timide…inquiet…amoureux :
Je lui promis dans peu de m'offrir à sa vûe ;
Et c'eſt pour découvrir enfin ſon Inconnue,
  Qu'il a fait préparer ces jeux.

DORINE.

Voilà les hommes.
D'un bien que l'on poſſede oublier les appas,
  C'eſt la mode au ſiecle où nous ſommes ;
On veut un bien que l'on n'a pas :
  Voilà les hommes.

CALISTE ET DORINE.

Quand l'Hymen, aux amans, vient préſenter ſes
                    chaînes,

L'Amour s'envole pour jamais,
Et nous perdons tous nos attraits,
En ceſſant d'être ſouveraines.

CALISTE.

Mon Epoux vient… allons ſous ce maſque trompeur,
  Jouir encor de ſon erreur

SCENE III.
DORANTE, ZERBIN.

ZERBIN.

VOtre Epouſe eſt partie, elle eſt loin de la ville,
Et vo us voilà le maître pour deux jours.

DORANTE.

Zerbin, que je ſuis peu tranquile,
C'eſt ici que j'attens l'objet de mes amours.
Je vais donc voir les traits de celle qui m'enchante,
J'ai peine à retenir ma joye impatiente.

ZERBIN.

Pourquoi faire à Caliſte une infidelité?
Quel caprice eſt le votre?
Epoux d'une rare beauté,
Pouvez-vous en aimer une autre?

DORANTE.

Caliſte merite mes ſoins,
A regret mon cœur eſt volage;
Je ſens que je ne puis l'eſtimer davantage;
Mais je ſens malgré moi, que mon cœur l'aime moins.

ZERBIN.

Vaut-elle moins que l'Inconnue ?

DORANTE.

Quelle difference ! Ah grands dieux !
Par un charme secret mon ame fut émue ,
Oui, toutes ses beautez s'expliquoient par ses yeux ;
Mais ses traits dans ce jour vont s'offrir à ma vûe ,
Et l'amour va remplir mes desirs curieux.

ZERBIN.

Démasquer ce qui nous fait plaire,
C'est s'exposer au repentir.

Il est dangereux de sortir
D'une erreur qui nous est chere.

Démasquer ce qui nous fait plaire ,
C'est s'exposer au repentir.

CALISTE & DORINE paroissent masquées.

DORANTE, appercevant son Inconnue.

La vois-tu ? Quels attraits !...Caliste est moins aimable.

ZERBIN, la considerant.

Je crois à ses appas le masque favorable.

SCENE IV.

CALISTE, DORINE, masquées,

DORANTE, ZERBIN, Troupe de Masques.

CHOEUR des Masques.

CHantons, dansons, accourons-tous,
Que chacun fasse sa conquête ;
Goûtons les plaisirs les plus doux,
Et que l'amour soit de la fête.

DORANTE, à CALISTE.

Charmant Objet de mon amour,
Vous faites seule ici l'ornement de la fête ;
Venus & sa brillante cour
Embelliroient moins ce séjour :
Prenez part à ces jeux, que l'amour vous apprête.

DORANTE & CALISTE commencent le Bal,
& dansant ensemble.

Les Masques dansent.

DORINE, masquée.

J'apperçois Zerbin mon époux,
Il ne me connoît pas... parlons, approchons-nous,
Voyons si l'exemple du Maître
N'en a point fait un second traître.

Vous semblez éviter mes pas ?

ZERBIN.

Qui moi ? J'ai d'autres soins en tête.

DORINE, masquée.

Peut-être cherchez-vous ici quelque conquête ?

ZERBIN.

Vous ne vous y connoissez pas.

DORINE.

Et dans un bal que venez-vous donc faire ?

ZERBIN.

J'accompagne un maître amoureux.

DORINE.

Et vous ; rien ne peut vous y plaire ?

ZERBIN.

Le sexe dès long-tems me rend trop malheureux.

DORINE.

Aimeriez-vous quelque inhumaine ?

ZERBIN.

Quoi, suis-je fait pour les rigueurs ?

DORINE.

Est-il rien de plus doux qu'amour & ses faveurs ?

ZERBIN.

Est-il rien de plus dur que l'hymen & sa chaîne ?

DORINE.

Et pourquoi de l'hymen détestez-vous les loix ?

ZERBIN.

De ses fers je sens trop le poids.

DORINE.

Quels défauts a donc votre Epouse ?

ZERBIN.

Elle est prude, bizarre, incommode, jalouse ;
Elle m'a dégoûté de son sexe trompeur,
    Peut-être seriez-vous comme elle ?
Je la déteste... & grace à sa mauvaise humeur,
    Je lui serai toujours fidele.

ON RECOMMENCE LE DIVERTISSEMENT.

DORANTE donne la main â **CALISTE**, et la conduit
    sur le devant du théâtre.

DORANTE, à CALISTE masquée.

Vous connoissez mon cœur, accordez à mes yeux
    Le bonheur d'admirer vos charmes.

CALISTE masquée.

Ne me voyez jamais, vous m'en aimerez mieux.

DORANTE.

Quels discours ! Quels soupçons ! Qu'ils me causent
                d'allarmes !

CALISTE.

Je veux vôtre bonheur.

DORANTE.

        En est-il sans vous voir ?

CALISTE.

Si j'accorde à vos yeux un si foible avantage,
    Mes charmes perdront leur pouvoir.
A vous cacher mes traits l'amour même m'engage,
    Et m'en impose le devoir.

DORANTE.

DORANTE.

L'amour est offensé de tant de résistance.

CALISTE.

Je dois craindre vôtre inconstance.

DORANTE.

Ah! Permettez qu'à vos genoux
Je calme ces vaines allarmes ;
L'amour fait mon devoir de céder à vos charmes,
Et me dit en secret qu'il faut n'aimer que vous.

CALISTE.

Ne portez-vous point d'autres chaînes ?
Aucun objet n'a-t-il pû vous charmer ?

DORANTE.

Vous estes de mon cœur maîtresse souveraine.

CALISTE.

D'autres que moi peut-être ont su vous enflammer ?

DORANTE.

Quel autre objet que vous pourroit jamais me plaire ?

CALISTE.

Mais quoi ! N'avez-vous point de reproche à vous
faire ?

G

DORANTE, à part.
Dieux ! Sauroit-elle mes liens ?
CALISTE.
Vous vous troublez....
DORANTE.
O Ciel !
CALISTE.
Quelle est une Caliste,
Dont les attraits peut-être effacent tous les miens?
DORANTE, un peu déconcerté.
Caliste, dites-vous ?
CALISTE.
Quoi ! Ce nom vous attriste ?
Vous semblez interdit ?...Vous l'aimez...je le voi.
DORANTE.
Non, je n'aime que vous, je m'en fais une loi.
CALISTE.
Vous vous trompez...elle regne en votre ame.
DORANTE.
Il est vrai, je l'aimai, je ne m'en défens pas ;
Mais, ne m'accusez point d'avoir éteint ma flamme,
C'est un crime de vos appas.
CALISTE.
Mais auprès d'elle, enfin, si l'Amour vous rappelle?
DORANTE.
L'Amour vous fait triompher d'elle.

CALISTE.

Pourrez-vous l'oublier ?

DORANTE.

Oui, je vous le promets.

CALISTE.

Vous ne l'aimerez plus ?

DORANTE.
Non.

CALISTE.

Quoi, jamais ?

DORANTE.

Jamais.

CALISTE & DORINE se démasquent.
ZERBIN.

Juste Ciel ! Quel trouble est le nôtre !

DORANTE, d'un air riant sans se troubler.

Caliste, je suis trop heureux,
L'Amour nous contente tous deux.
Rivalle de vous-même & sans en craindre d'autre,
L'Amour après l'Hymen veut resserrer nos nœuds.

CALISTE.

Votre caprice est digne qu'on l'admire,
Et je pourrois m'en irriter :
Mais je dois vous imiter,
Et comme vous, j'en veux rire.

CALISTE, ET DORANTE.

Tendre Amour, dans nos cœurs lance de nouveaux feux;
L'Hymen sans ton secours ne peut nous rendre heureux.

On danse.

CHOEUR.

Goûtons de doux amusemens,
Le Bal offre des plaisirs charmans!

Tout plaît, tout contente,
Tout rit tout enchante;
Les plus doux plaisirs
Comblent nos desirs.

On danse.

LE CHOEUR.

Pour triompher de tous les cœurs,
L'Amour prend ici ses traits vainqueurs:
Tout plaît, tout contente,
Tout rit, tout enchante,
Les plus doux plaisirs
Comblent nos desirs.

FIN DE LA TROISIE'ME ENTRE'E.